中國古代珍本術數叢刊

遼東龍伏山人撰

奇門鳴法

北京王力軍先生藏本

王力軍印

華齡出版社

东海居士

奇门鳴法

下卷

鑲藍旗滿洲造送四月分外火器營兵丁總數表册

奇門遁甲鳴法下卷

遼東龍伏山人撰

補格

甲乙若逢三與四、曲直格子仁壽名、大利胥家施號令、探所听敵孳合經營、

甲乙加至三四宮、為曲直格、取木逢春之象、故仁壽主發政施仁哨探敵私營謀号令事

乙甲若然加在一、格名胎息是發生、謀為從此當進步、君子欣　事有成、

甲乙加至坎宮、名胎息格、又謂發生格、以木逢子水、一陽始生之意、主得貴人扶助、凡所求謀、速當進步、

如或土宮逢甲乙、格為興創定持衡、最佳造作與修築、主客交鋒不稱情、

甲乙相加二五八宮、名興創格、取木尅土、以象土木之工、故主宜修造、築等事最佳、

甲乙加與七共六、可以羅伐動鬪爭、此時不利出軍去、謀作交兵定震驚、

甲乙相加至六七宮、名羅伐格、因其木被金傷、主鬪爭、利主不利客、不宜出兵動作、等事靜守為吉、

九離之內逢甲乙、此為林火林一塲、凶守舊為宜、固本美、毋須前進並爭鋒、

甲乙相如至九宮、名焚林格、因其木多成林、遇火自焚、故為凶也、只可耐守、動必有傷

丁丙同來離九宮、格名炎上氣虛冲、文書獻策最為上、用火乘風可進攻、

丙丁加九宮、名炎上格、以火之旺禄在午、故主宜文書、信息、獻策、求名、行軍火攻等事、

天丙地丁臨於坎、水庭掩目滅光為、其号溺身死地犯獄刑

丙丁加一宮、

名掩目滅光格，以其火被水滅，故凶，不宜動作、

丙丁二字齊見土局，是失光莫登程，前進必然招脫耗，破財敗産損元精、丙丁相加至二五八宮，名爲失光格，用其火生土，盜洩元精，故耳宜靜守爲吉、

震三巽四丁與丙，格云增輝利飛騰，學年顯達功名進，本命火行勃然興、丙丁相加至三四宮，名增輝格，以其火與木生之意，主求取功名等事

丙丁皆在六七宮，鬥力之占事不寧，口舌興詞概因此，逢之進退步傳倚、丙丁相加至六七宮，名鬥力格，因其火尅金，主口舌詞訟之事、

戊己忽臨八五二、格名稼穡直躬耕，大利守邊并下寨，安營樂業其離甍 音萌，屋棟也、戊己相加至二五八宮，名稼穡格，取其土行重重之意，主宜守邊駐防，安樂居業等事、

己戊並來於坎宮，所云迫水愼招刑，田園致訟終耗加，交戰出軍損兵力 戊己相加至一宮，名迫水格，因其土來尅宮，故耳主謀求費力，無成、

三四宮逢戊己，其占壞体格利堅貞，傷身殞命猶勞力，退守爲宜勿追兵、戊己相加三四宮，名壞体格，以其土被木尅，爲凶，宜退，不宜進、

若然戊己加乾兌，格謂絕精事不通，耗散元氣失本面，諸般謀作一

塲空、戊己相加六七宮名絶精格以其土去生宮盗洩元氣、固謀事無成之象、

戊己離宮忽俱到、名之變象格乃元、亨資生萬物而成器、進步能行萬里程、己戊相加至九宮、名變象格、土逢火生、為吉、所謀皆遂、

庚辛居於六七地、名為從[華]格、以操矛驅軍練隊、當依此劫敵發兵攻最動、庚辛相加至六七宮、名從革格、以其金逢比合、主宜冲鋒、掠陣劫敵事、

庚辛坎地忽飛走、格謂泄津是撓由、此象須防人陷我、錢財敗損又添憂、庚辛相加至一宮、名泄津格、主他人陷我耗財、瑣事、

庚辛八二遊巡五、局乃揚威利建侯、興兵練陣皆為吉、樂道採丹向此修、庚辛相加至二五八宮、名揚威格、以其金逢土生、主演陣發兵煉丹等事、

震三巽四庚辛遊、逢刃之占有凶咎、傷其体子敗其數、口舌爭鬥命殘朽、庚辛相加至三四宮、名逢刃格、以其金来尅木、耳只宜耐時、不可妄動、

辛與庚子至離九、結怨閉口下招因、他人内賺機陷我、途道絶粮切勿謀、庚辛相加離九宮、名閉口格、以其金被火尅、主有小人陰謀暗陷賺我、

壬癸行臨坎北鄉、格為閏下主行水、路宜平治水道乘、船水戰鬥

智水攻事

癸壬二五八留絕跡之占偏難酬傷、其形質壞其身疾、病官災

否時来

壬癸相加八二五宮、受土之尅、名絕跡格、主駁雜瑣碎、忍耐為上、

震巽之宮見癸壬、敗源格局有憂虞諸般謀作徒勞力、歸去

空空似浮雲、

壬癸相加至三四宮、受木之盜洩、故名敗源格。

主求謀無成徒勞往返也、

兌七乾六壬癸守、名曰通關利策等、迎風掠陣皆為吉、財

力功名任祈求、

壬癸相加六七宮、受金之生、故名曰通關格。

主計策迎敵、財祿功名、相遂、

壬癸加乗離九頭、無容滅潤禍旋流私情淫蕩為最樂、舉

義揚威被賊囚因、

壬癸相加至離九宮、水尅宮、名曰威潤格、主立私不立公、

又有一般旺動章、震三甲乙巽邊傍、丙丁相見離九宮、戊己艮坤

中五藏、庚辛乾六七宮兌、壬癸同居在坎鄉、休臨六七景三

四、生死離宮反土傷、開金土地與金地、傷杜水方與木方、蓬星都

旺於六七、英宿三四是威揚、芮任禽星值火土、冲輔水方乃

棟樑、心柱西方兼土赵朱雀震四並南方、天陰最旺七共六、

勾地致強火中央六合三四常居五白虎兑金武水傍值符最旺入離宮伏返逢之則不祥、時上臨之謂旺動、用神命中細較量、（旺動即本命、五行與宮中相同是矣、但伏返吟則不然也、而旺、）動時干、三乙用神、命宮尤最切傷門、六合天輔臨三宮皆旺動、甲乙既動、神必應其機、則當以命宮生尅決之、至非時干、三乙用神、命宮而動者、亦必與我事有關者、則亦當於命宮用神生尅決之、觀其屬何相、並何親、則吉凶禍福有不貽〻於目、

瞭然於胷中者、無不信矣、

皆以天干時作主、生尅相驗論存亡、每卦皆以天盘時干作主宰、以諸宮之天盘奇儀為甫神、又以天盘時干為主宰、及諸宮之五行星門為甫神法、干之生尅以定六親法、宮之生尅以定休咎、而興敗盛衰、要時而定矣、

生時干者、即為父、尅是時干作鬼鬼宮、實時干尅者妻財位、其受時干生子孫、房若然皆與時干比、此乃兄弟一極詳、假如

時干丁火加庚辛之宮、即其妻財、戊己之宮、即其子孫、甲乙之宮、即其父母、壬癸之宮、即其官鬼、丙宮為兄、若丙火時干、丁為弟、余做此推、

父健文書異音信、嚴嚴椿樹字見康、假如時干屬丁火甲木宮旺動、主老父吉利、庇兒安康、故名為父健格、若丙火時干、則仍以甲木為父也、

注意、總以陽干生時為父、

母順家中多喜樂、安了萱草慶高堂、即如時干是丁火、乙木旺動、主老母高壽、家中安樂、故名為母順格、若丙火時、則仍以乙木為母、總以陰干生來時為母、

兄奪敗財上凌下、假如丁火時干、丙火宮旺動、主上凌下、並敗財故名兄奪格、

論總以比和、時前為兄、

弟爭散產下競上張、如丙火時干、丁火旺動、主下競上並散產、故名弟爭格、

論總以比和時干、後之干為弟、

格遂財搖、最順利功名、登榜姓名揚、丙火時、庚金動、主財利、順心求名奪魁、故名財搖格、

局安妻動妻宮旺女子持家家道荒、丙火時辛金動主婦人當權家道荒廢、故名妻動格、

子任財興身有脫、安居樂業禍消磨、

緣有理災禍消磨、名為子任、

孫作傳流皆泰、後人綿遠福慶多、丙火時戊土動、主事皆吉泰、後代綿遠、故名孫作格、

官興詞訟功名就、丙火時壬癸水旺動、主詞訟得理、功名成就、故名官興格、◉若丁火時則壬水宮為官、

鬼擾病災共口舌、如丙火時壬水旺動、主病災咎是非口舌、故名鬼擾格、若丁火時以癸水為鬼、

命宮值父苦奔波、值鬼災病口舌結、值才才順田園廣、值子安然宜養拙、值兄惹氣傷財多、俱以天盘奇儀說、上章皆年命宮、所值六親、以決休咎焉、

子動財來功名魁、父興兄泰子孫絕、財搖名就母疾痊、產病也、兄發子怡財消折、官鬼興時可甲科、弟兄災病身滴血、此是時干妙理歌、浪言傳秘神仙訣、子動財吉、而功名無就、父兄興泰、而子孫消亡、搖名成、父母羅魁、兄發子鞠妻妾災疾、財消耗官鬼興、父病愈、而姓名題、兄被刑、而身血、亦宜臨時應斷、隨時參考、洪荒呂大數理難逃、

其憂虞休咎消息盈虛，莫不明著於其中，故臨時取象隨時變易，則其机致神，而明知存乎其人，其斯之謂也。

茲將因時取象，以定六親宮之旺動格，附列於左。直下看時，橫看取格。

甲木乙木、丙火丁火、戊土己土、庚金辛金、壬水癸水之時干。

壬癸水陽陰干，甲乙木天盤，丙丁火之宮，戊己土旺動，庚辛金生時為父健格、母順格。

甲乙木 丙丁火 戊己土 庚辛金 壬癸水 兄奪格、弟爭格。

丁丙火 己戊土 辛庚金 癸壬水 乙甲木 子任格、
丙丁火 戊己土 庚辛金 壬癸水 甲乙木 為 孫作格、

己土戊土辛金庚金癸水壬水乙木甲木丁火丙火為妻動格、

戊土己土庚金辛金壬水癸水甲木乙木丙火丁火為財搖格、

辛金庚 癸水壬 乙木甲 丁火丙 己土戊 官興格、
庚金辛 壬水癸 甲木乙 丙火丁 戊土己 為 鬼擾格、

夫以時干為主，陰陽生尅前後正偏，為定陽干生時為父，陰干生時為母，時前之干比和者為兄，時後之干比和者為弟，正者尅時為官，時尅為妻，時生為子，偏者尅時為鬼，時尅為財，時生為孫，又參以三乙用神、年命之值，而吉凶悔吝

藏否之事以明斯格之訂誠有所取焉、

蓬休坎水景離家三震傷冲杜四宅乾六心開輔巽階禽中五位柱西兌任生艮八英九排芮死坤宮驚兌澤、癸〻庚〻己〻諧、戊〻壬〻伏吟格、靜守為吉動不宜、疊來災禍失靈魂、蓬休加坎、英景加離、辛儀丙奇、加丙謂之伏吟、宜靜守、不可妄動、不然必有重疊、禍起、辛加辛、又為午火自刑格、主不安、

蓬加九位生屬坤、辛戊庚癸返吟神、占事逢之反覆言、徘徊不定失籌策、蓬加九、生加坤、死加艮、戊加辛、癸加庚、己加壬、之類名返吟格、主事無主張、進退徘徊、不決之象、

被迫開門、加震地、禍從外入、要防之、凡門剋宮、謂被迫宮、主禍從外入、

受制休加八五二事之內禍、將人欺、凡宮剋門、謂之受制格、主禍從內起、

交和原是傷加九、喜自外來情便宜、門生宮、謂之交和格、主喜從外來、

結義景〻開五位、內生佳氣有誰知、宮生門、謂之結義格、主佳氣內生、

右第五章、釋奇儀門宮、與時干〻義、謂之甫格、

注意

奇格

乙逢犬馬丙鼠猴、玄女丁奇跨虎龍、得使只宜納婢僕、填房
軍旋須伏弩、

此謂乙奇加己辛、丁奇加壬癸、丙加戊庚、謂之三奇得格、即坤納乙、而屬巽、庚之乃其地支卦象

符合之義也、故利陰私、埋伏之事、

附命理探原命宮法、　凡推命宮、先由子位起、正月向亥逆數、至所生月止、再以生之時、加在生月所臨枝位、以次順數、至卯位為止、即以卯位所臨、手掌定位之枝為命宮、

欲知某宮之幹、再以年幹遁之、

俞曲園游藝錄云、欲求命宮、先從子上起正月逆行十二辰、將所生之時、加於所生之月、順行遇卯即命宮、假如甲子年、三月酉時生、則卯在辰宮、仍隨甲子年起、甲年正月丙寅則辰上之干戊也、即以戊辰為命宮、

此法甲子、由子上起正月逆推、至三月為酉時、又由酉時起、順數酉戌亥、到辰宮、是卯位、安命、

何謂戊辰、係甲己之年丙作首、丙寅丁卯戊辰、余倣此、

又法、　丙年午　辛丑月、庚午日、甲申時、

此格丑月生乃節過大寒、算正月子位生時之申由子起、申酉
戌亥等、至未宮是卯、位安命、然丙辛起庚寅、即知是乙
未余者、類推、此法若是生月、交過中氣、即作次月推、立春節雨水氣、
起小限法、假如丙年命、以年字加未宮、以决逆数、午未申酉戌亥子丑寅卯止、至
戌位是小限、再以乙卯起戊寅、即知為丙戌限也、余類推、
起胎元法、游藝録云、四柱外佐以胎元、胎元者受胎之月、
也、幹前一位、枝前三位即是 由月数、至十個月亦是胎元、逆数

如己巳月生、胎元在庚申、壬午月生、胎元在癸酉、余倣此、
推息法、淵海子評云、起息取日主、天幹合處地支合處、即是、
星平會海云、如甲子日、取天干甲己合、又取地支子與丑合、即己丑是息、余倣做此、
三奇更有遊六儀大利、交兵練營伍、三奇加本旬值符三奇遊、
甲格利軍旅之事、
太乙加臨地丁位、号為玉女守門扉、若作陰私和合事、傳来皆到
此精微、值使加地盤丁奇、号為玉女守門格、主利陰私和合事、

善

乙奇之上逢值使、日照門閭要奮威、作用偏多君子遇、交鋒迎敵任來歸、直使加地盘乙、奇謂之日照門閭格、主謀為多逢、君子相助、

太乙丙奇同一處、當門月映滿庭扉、凡謀多得陰人助、婦女家中議化機、值使加地盘丙、謂之月映當門格、主謀為多得陰人甫助、

太乙加戊字、青龍、纔戶喜、行奇功名、最顯家安泰、謀事、謀為、無不遂、值使加地盘戊、謂之青龍繞戶、天門分開格、主諸事稱心、

地戶蔽門使加己、行軍不利教軍宜遁跡、藏形為最善安常守分亦娛嬉、吉、值使加地己謂之地戶蔽门格主隱遁遮藏靜守舊為吉

太白入門家有禍、地庚上值太乙司、官事纏綿官賊盜、婦人口舌論離乖、值使加地盘庚謂之太白入門格主官符瑣碎陰人口舌

白虎攔门辛字上、屠人柳市動刀鎗、旺則軍機衰賭鬥、毆人爭訟入公堂、值使加地辛、謂之白虎攔門格、主交鋒戰鬥、毆辱訴訟凶、

玄武守門凶且厲、宅中病者已膏肓、不然必定招賊盜、刑獄官災到身傍、值使加地壬、謂之玄武守門格、主賊盜刑獄之災占病難愈凶、

守门螣蛇休言美、羅綱高張無處藏、高則宜走低宜守、須防縲絏禍蕭牆、使加地癸、謂之螣蛇守門格、為羅綱看何宫以定高低、

六丙臨丁门上生、月精天遁可屯兵、耀武揚威從此數升遷季業任遊行、丙加丁、生門三隱宫、名天遁格、宜揚威、升遷如練、祭丁甲揭神遣將、呼風喚雨、等事用此全吉、

乙奇臨開門並、地遁紫雲蔽日精、田才交易兼修築、下寨逃刑利出征、乙加己、開門三隱宫、名地遁格以其為地户乙為雲、日之義

丁乙休門遇太陰、另為人遁吉格、喜氣臨合、夥求財多遂意、旬空墓迫患突深、丁乙加休門見太陰為人遁吉格、若丁到艮乙到乾皆為墓、休到离為迫主凶、

丙乙開門六合興、原来此格神遁宫、祈福消災並祭祀、燒丹隱匿妙無窮、丙加乙、相乘開門、三隱宫、名神遁格、宜祈禳祭祀吉、

丁加丙上開門立、若見太陰鬼遁通、納妾私奔並六甲、伏兵刼盜任私公、丁加丙、相乘開門、名、鬼遁格、宜布謠惑、軍探路捕賊、書符鎮鬼事、

六乙丁開九天共、臨巽即把風遁吟、指安詩逆為决勝、捕捉逃亡要搜林、乙加丁、乘開門三隱宫、或臨巽宫、名風遁格、宜祭風火攻、不利行舟、

乙巽生門加在丙九天並臨雲遁從神仙異路皆得吉乍雨乍晴

半途逢、六乙加丙乘生門、三隱宮、臨九天、名雲遁格、宜劫營、

甲丙休門遶一路、九天共處遁為龍、乘雨劫營並水戰、造船應舉利

爭鋒、甲加丙、乘休門、三隱宮、臨九天、戊落在坎宮、名龍遁格、

生門辛丙地來同、報武克軍氣象雄、此局原為名虎遁、揚威佈陣

宜祈雨水戰、冒雨劫營吉、

宜交兵、六辛加丙乘生門、三隱宮、臨九地、為虎遁格、宜祭風鎮邪、驅鬼安宅、

乙丙生門丙乙朝、太陰六合慶徵召、天道一格上赴雲霄、煉道修真

立妙高、丙加乙、乙加丙、乘休門、三隱宮、臨太陰、六合、名為天道吉格。

丁丙丙丁三隱交、相共休門地道妙、隱埋兵旅上吉爻、逃形造葬乃

樞要、丁加丙、丙加丁、乘休門、三隱宮、名曰地道格、

丁乙乙丁生共邀、會同三隱來相照、功名嫁娶無不起、人道精微

任吟簫、丁加乙、乙加丁、乘生門、三隱宮、名為人道格、

三吉三奇太陰鎮、名為真詐宜濟貧、隱遁求仙皆渴順、榮謀

求望任屈伸、開休生三吉門、逢乙丙丁、三奇與太陰同位、名曰真詐格、主施恩隱遁、祈禱求仙、諸所謀求皆吉、

九地逢之是詐驅邪祈禱百福臻、療瘡救急皆為利、求財向婚姻三吉会三奇、與九地同位、名休詐格、宜合葯法、符祈神禳災祭祀、皆大吉、

六合加來重詐格、取財受爵與添兵、若非繼世與生子、決定參謁謁礼聖神、三吉逢三奇、與六合同宮、名重詐格、宜收降添兵進人口、納財襲爵、拜綬吉、

六乙景門同六丙、九天相共天假神、見貴求才皆順利、謀望生遊難須更新乙加丙丙加乙、乘景門、三乙宮名天假格、乙為天德、丙為天威、丁為太陰、凡三奇之靈宜陳事便利、

六丙丁奇門遇杜、三隱逢之伏藏宜、貨物逢之當脫賣、尋人他假柱奔馳、丙加丁、丁加丙、乘杜門、三隱宮、名地假格、宜潛藏埋伏遁跡藏修及遣人行間謀、探私事、遊難等吉、

傷門丙丁九天集、人假登壇之時宜、捕捉逃亡最利、求、師學藝亦相宜、丁丙互加、乘傷門、三隱宮、名人假格、宜捕捉逃亡犯索債討賬事、

驚門六丙丁奇比、三隱宮加一處移、神假埋葬為大吉、興師舉武要揚

麾、丙丁相加乘鷩門，三隱宮名神假格、

丁加於丙死门位、九地太陰六合隨、鬼假求財合夥喜、偷營月下会佳期、

丁丙互加乘死门、三隱宮、名鬼假格、利趕亡葬度等事吉、

夫甲為青龍、為雷振、乙為日奇、為風雲、為蓬星、丙為月奇、為熒惑、為明堂、丁為星奇、為玉女、為朱雀、戊為天门、己為地戶、庚為太白、為天庭、辛為白虎、為天獄、壬為天牢、為玄武、癸為華蓋、為螣蛇、

休為坎水、為酒為雨為露為日戶、死為坤土、為布尺、飛雀、鬼政傷為

震木、為某、為雷、霆為舟車、杜為巽木、為花草、飄風、為地戶、開為乾金、為金玉、為圓圜、為雪霰、為天門、鷩為兌金、為瓷器、為神異、為那雹、生為艮土、為石為人门、為雲霧、為山獄、景為離火、為日為文章、為信息為雷光斯数者、皆前賢取義、非後世妄為、故是格之著、以值使加三奇、六儀為某某格守門、三吉運三奇、為九遁之風雲等格、三隱分殊乘三奇、三遊為詐之真、休重三奇互交乘

三隱五遊、而為五假、天地人神鬼、因丙丁乙、丙交而匿之、休門丁乙、乙丁

交而匿之，生門則定之。三道奇數其龍遁用甲，虎遁用辛，不隨入流俗之傳，另定一規，而大理數，又非臆度之命名，較之魚魯之論何足道哉。夫三隱宮者，太陰、六合、九地也，三奇互加三吉門，為詐；臨五凶，為假。

第六章 釋三奇六儀之義而定為奇格焉。

青龍入雲 戊加乙，同人扶助事得全，若或門宮逢迫，定然彼我自招愆。天盘戊加地盘乙，為青龍入雲格，門吉事吉，門凶事凶。

戊加丙 子龍返首，門宮生合事更新，文明顯達多得利，彼迫旬空亦可憂。接擊。天盘戊加地盘丙，為青龍返首，動作大利，若逢迫制入墓

青龍耀明 戊加丁，貴人暗動但安祥，門宮相生為上吉，被迫交吉事反凶。

加事轉難。此格主謁貴求名，吉利，若迫墓，招是非。

戊加戊，為青龍入地，伏吟盘來輾轉，神末定，心意徘徊起波瀾天。

戊加地戊，為青龍入地格，又天門重堀格，凡事閉塞，靜守為吉。

清龍比和戊加戊婚姻成就喜氣盈、內外生扶室家利、魁戰臨來
反震驚、天戊加地戊、為青龍比和、格主婚姻之喜、公私吉利、廹墓魁制反門凶、
名貴人入獄、公私不利、
青龍失利戊加庚、謀事紛爭難立名、逢之傷損休依戀、占血
光利操兵、天戊加地庚、為青龍失力格、又青龍恃勢、值符飛宮、災禍出於、
不測、吉事不吉、凶事更凶、
戊與辛金同一處、青龍相侵是返吟、占之遇此當自守、動作必然

是禍淫、天戊加地辛、謂之青龍相侵格、又名青龍折足、吉門生助尚可
謀為、若凶門廹制、主招帶失財足疾、
龍入天牢戊加壬、諸謀耗散凶災臨、口舌紛紜烟菌起、始終不離
禍害深、天戊加地壬、為龍入天牢格、又名青龍入網格、凡陰陽皆不吉利、諸事耗散、
戊若加癸青龍合、首尾相應慶三多、明顯光輝宜主客、門宮廹制返
奔波、天戊加地癸、為青龍合和格、又為青龍華蓋格、門合星吉則
吉、招福、若傷死門凶、不美多乖、

己儀如然加在地中掩日事蹉跎安常守分尋器路動作災殃似電過、天己加地乙、為地中掩日格、墓神不明、地戶逢星、凡事暗昧、不明主於蒙蔽侵犯宜遁、跡隱形為利逸、

地戶埋光己加丙、外不明子內生明、別有洞天真樂境、創業興工具雕零己加地丙、為地戶埋光格、又火孛地戶恩中成怨、凡事阻屈難伸、

地戶星輝己加丁、求謀諸事並經營、暗中就有貴人助、入廟最宜禱神靈、天己加地丁、為地戶星輝格、又朱雀入墓格、詞訟先曲後直明、

堂貪生、諸事暗中生扶、

比和一氣己加戊、明事不宜暗事宜、占之男女約相會、暗地私情陰起陰合己加戊、為比和暗通格、又明堂從祿格、萬事大吉、喜樂重逢、

犬遇青龍謀望遂意、上人見喜、

天己若然加地己、地戶伏吟事堪怨、進退難明意不決、守分耐常須待時、己加己為伏吟、逢鬼格、病者必死、百事不遂、明堂重逢、凡事勾屈、難明進退不決、宜守、

若天己干加在庚、地户伏白駁雜生、諸事似益終不益、占之不可不察情、己加庚、爲地户伏白格、又明堂生煞刑格、反名詞訟、先動不利、門凶有陰私、謀害之情、

己如加在辛金上、虎困庭中起鬥勇、傷財惹氣終難免、乘武謀爲小有恒、己加辛、謂之虎困庭中格、又天庭得勢格、遊魂入墓、大人鬼魅相侵、小人家先祟、

地牢冲破己加壬、諸事無成有小侵、格中參差謀多變、門宫生命便趁心、己加壬、爲地牢冲破格、地網高張、百事無成、參商各别、須查門宫生旺、墓敗殺童、佚女奸情殺傷、

己加六癸性沉沉、地穴張羅禍事臨、望喜求財皆不利、終防瑣碎動哀音、己加癸、爲地穴張羅格、明堂合華蓋、地刑玄武、男女疾病垂危、詞訟有囚獄之災、

太白貪合庚加乙、若求婚姻分外奇、合夥交遊無不吉、安營下寨更相宜、庚加乙、爲太白貪合格、諸事大吉、所爲皆順、太白蓬星退吉、進凶、

太白入熒大不利、官刑口舌被人欺事屬變動多又復、家裡賊

來竊資財、天庚加地丙、為太白入熒、格、諸事多吉、費力方成、占賊必來、為官進利為主破財、

白入太陰庚加丁、謀為諸事若浮萍、婦女陰私情攪擾、始終

無益且息停、天庚加地丁、為太白入陰格、太白受刑、凡事不利、為庚改亭、亭叮嚀之象、因私暱起訟門吉有救、

庚金如或加戊上、太白乘龍姓名香、捕亡見陣征必勝、駕木村

天在野停、天庚加地戊、為太白乘龍格、太白逢恩、太白天乙伏宮、百事不可謀為、

太白重重庚加庚、伏吟本屬是原名、謀為內亂難行動、災害

隄防自起兵、庚加庚、為太白重視格、太白重逢、太白同宮、官災橫禍兄弟雷攻、

六庚加地辛太白、東虎顯神威主心、劉正伏柔弱前進、自然百

慶福臻、天庚加地辛、為太白東虎格、太白重刑兩強相特、凡事必有爭論、又為白虎干格、虎煞同宮、遠行車折馬死、

六庚加地壬、太白入牢內事欽、人中少益多招損、謀作費苦心 天庚

加地壬、為太白坐牢格、太白退位、凡事多疑、只宜斂迹遠行失迷道、

男女音信嗟呀、

六庚加地癸、寅申沖破不為祥、太白投羅事蹇滯、人情悖逆要

謹防、庚加癸、為太白覆綱格、又太白刑隔、諸事不宜、行人至、官詞止、生產母子俱傷、門吉可救、

辛與乙合虎猖狂、內中財破赴災殃、功名不遂出軍敗、所卜官非與與亡、天辛加地乙、為白虎猖狂格、家敗人亡、走失破財、遠行多殃、尊長不喜、車船俱傷、

白虎逢朋格最良、天辛加在地丙鄉、宜掌威權討賬目、秉介最善收錢糧、辛加丙、為白虎逢朋格、又天庭得明、干合孛師熒惑、出現占雨無、占晴旱、占事因財致訟、

辛見丁子虎受傷、無終有始事乖張、家中耗散多競鬧、求問前程不共藏、辛加丁、為白虎受傷格、又獄神得奇、經商獲倍利、囚人逢赦宥、凡事、又有始無終多耗散、

天辛加地戊、格取虎龍兩爭強、欲問求謀爭多事、興威舉武是妙方、辛加戊、為虎龍爭強格、諸事不和、求謀不通、困龍被傷、官司破敗、屈抑守分、妄動禍殃、

穴中虎臥誠非宜、辛字來臨地己傷、所求雖吉終勞力、聚草屯糧教武昌、辛加己、為虎臥穴中格、又虎坐明堂、諸事隆吉、費力方成、入獄自刑、奴僕背主、詞訟難伸、

若遇地庚乘六辛、虎逢太白格不精、凡事驚疑多反復、居官革職

業難成、（辛加庚為逢太白格、事主反復爭論、進退驚疑、白虎出力主客相殘、進讓步不可强進、）

二虎爭鋒辛加辛、伏吟格局莫求伸、有勢難成皆自敗、狐疑顛倒性非真、（辛加辛、為二虎相爭格。伏吟自刑、凡事自敗、有勢難行、進退猜疑、）

虎入牢籠辛加壬、興師不利被人擒、隱昧憂主無美策、須防詭詐起奸淫、（辛加壬、為虎入牢籠格。天庭逢獄凡事不利所謀難成、）

防詐凶蛇入獄、兩男爭女、先訟失理、

如或六辛加在癸、虎投羅網禍來侵、逢之守舊為最善、安分待時遁山林、（辛加癸、為虎投羅網格。天牢華蓋日月失明、誤入天網、動止乖張、）

天牢囚貴壬加乙、謀事有驚孕生子、動作營求口舌起、陰人渴遏成燕喜、（壬加乙、為天牢囚貴格、不宜動作、日入九地凡事不利、）

謀事多驚、占孕生子、祿馬光華、

天壬加地丙、玄武相同入月裡、謀動多凶惹詞訟、皇宮慎防賊人起、

（壬加丙、為元武入獄格。天牢伏奇、水蛇入火、官災刑禁絡繹不絕、凡事不利、）

六壬若或會丁奇、元武謁貴求賢士、諸般得助利陰私、佈陣埋兵

須用詭、壬加丁、為元武謁貴格。太陰破獄壬合、蛇刑文書牽連、貴人多多謀為、暗昧利用陰私、

主武逐有化龍格、天壬加臨戊土中、最宜官訟求名事、演隊交兵建旌旗、壬加戊為元武化龍格。小蛇化龍、男人發達、女產嬰童、凡事有始無終、求名吉、

六壬忽然又加己、元武深藏入穴時、夫婦家中多不睦、防備盜寇入房帷、天壬地己、為元武入穴格。天地刑沖、凶蛇入戶、大禍特至、諸事不成、順守斯吉、詞訟理曲、

元武倚勢壬加庚、消化官非詞訟平、內裡驚慌多複反、凡謀進步始能精、壬加庚、為元武倚勢格。天牢倚勢、太白擒蛇刑獄、

公平立剖、邪正諸事不利、虛耗難成、

若武壬辛同一位、元武乘虎任縱橫、交戰季武求名利、進祿加官衣錦榮、壬加辛、為主武乘虎格、

元武聚會伏吟格、原是壬壬逞一營、破敗之占謀不遂、陰人費利若和平、壬加壬、為元武聚會格、天牢自刑、蛇入地羅、外人纏繞、內事索索、吉門吉星、庶免蹉跎、

主神結義格最亨、天壬加癸一宮行、家中安樂人情順、作用圖謀事業成、壬加癸、為元武結義格。陰陽重地、凶迫制幼女姦淫、家有

醜聲、凡事不宜圖謀、計窮之象、

天羅蔽日災橫起交戰必然兩地凶、盜竊中途須防備、癸同乙木一宮逢、天癸加地乙、為天羅蔽日格、日沉九地、華蓋蓬星吉、門生助、諸事有益、陽貴相扶、貴人祿位、常人平安、

螣蛇侵月格最凶、癸加丙干是奇功、須知大盜如蜂起口舌牽連家敗風 天癸加地丙、為螣蛇侵月格又明堂犯孛、華蓋孛師吉門和、義、諸事稱遂、貴賤逢之、上人見喜、

螣蛇妖嬌癸加丁、官事失財家不寧、火怪非災連至、給耶魔鬼祟鬧門庭、癸加丁、為螣蛇妖嬌凶格、百事不吉、返凶無主意、又書官災火焚莫逃、

六癸如然加在戊、螣蛇格号交龍銘、伏兵動作須持火私和陰謀妙通靈、癸加戊為螣蛇交龍格、又天乙会合格、財喜婚姻、俗人贊助、成合、若門凶、破迫制未免恩官非口怨、

螣蛇入穴兩相交天癸加於地己巢、凡謀不遂心和意、守舊安常勿動敲 癸加己、為螣蛇入穴格、又華蓋入明堂、華蓋地戶凡事多吉、不無耗散、音信皆阻、躲災遊難吉、

網羅太白何言利、癸水庚金一度標、先易後難其應事、格中睽阻不相聊、癸水加庚金、為網羅太白格、又名太白入網、作事刑害、求謀無益、以暴爭訟力平、

癸干若入辛金地、乘虎蛇神格最超、諸事遂心安且樂、非災橫禍齊時消、癸加辛、為蛇神乘虎格、又華蓋受恩網、蓋天牢占訟、病、死罪難逃、

六儀有個蛇入牢、壬癸之宮罪何逃、事多反復妻停續、田脚行來往最高、癸加壬、為螣蛇入牢格、又天網覆獄、復見螣蛇、凡謀不利、上下蒙蔽暗昧不明、退守為吉、

天網同張癸癸來、重重関鎖鑰難開、陰匿私通利進退、狐疑意

徘徊、癸加癸、為羅網重張格、○天網四張無走路、凡事閉塞、寃屈難伸、

行人失件、病訟皆傷、

乙奇逢是加乙奇、兩日同出他天齊、如非敵國來侵占、定是中土起軍師、乙加乙、為兩日同出格、奇中伏奇、日奇伏吟、不宜謁貴求名、宜安守身吉、

乙日合來丙日分、合明日月是共襟、凡事雖然為致順、進前免有參差、乙加丙、為日月合明格、○奇蔽明堂、奇儀順遂、先明後暗、門宮相生、諸事顯揚、吉星晋職、凶星別离、

日映太陰乙丁合、運中撼進意婆婆、諸謀雖然君子助、亦難免去

小消磨、乙加丁、為日帙太陰格○奇助玉女、奇儀相佐有進湯速之妙、陰人扶助之情、文書事吉、百事可為、
日奇生在天門坐、乙木加之戊土寓、近尊輔貴多獲吉、受制他人事
始和、天乙加地戊、為日升天門格○利見大人之局、依尊附貴之情、若星迫制、利陰害陽、門逢凶破財、被人傷、
日入地戶為喪明、天乙加臨地己行、事主先明而後暗、兩人並力相爭
衡、乙加己、為日入地戶格○日奇入露、被土暗昧、門凶事凶、門吉事吉、得三吉門為地遁、
雲霞太白乙庚映、以柔制剛事乃成、內裏偏宜婦人集、婚姻和
合懷稱情、乙加庚、為雲霞太白格、日奇被刑、爭訟財產、夫妻懷私、奇入太白為用柔剛之義、婚姻和合之情、
青龍逃走乙加辛、宮使相生雨露臻、占課逃亡人口事、失立
錢財門裏鄰、乙加辛為青龍逃走格、奴僕拐逃、六畜皆傷、破財損失
立神捧日格、禎祥、乙木臨之壬水傍、最好招安舉大事、家
庭和順姓名揚、乙加壬、為元武捧日格○門凶破制、為日奇入地、尊卑悖亂是非、奇神入獄、彼此宜固守、
乙日加臨癸水鄉、蛇神拱日利門疆、占之教化為祥瑞、創業行為
百事昌、乙加癸、為蛇神拱日格、奇逢羅網、華蓋逢日生遁、跡修道隱匿、藏形宜躲災避難為吉、
月明雲白多康樂、天丙加在乙木上、文章赫變添喜色、龍

鳳星祥好時光、丙加乙、為月明雲白格○月照倉海日月並行、公私皆吉、

螢惑重〻須穩步、丙奇加臨丙奇鄉、勢力輝煌宜舉火、官災口舌需時昌、丙加丙、為螢惑重現格○月奇孛師文書逼迫破耗遺失門日星生合、二風合鳴、有勢輝煌、以文会友、

月光星粲格宜美、丙月星處一方貴人生合功名遇進步謀為事事康、丙加丁、為日光星粲格○星月光輝、朱雀貴人文書告利、常人平靜、得三吉門、為天遁、

飛鳥跌穴丙戊傍、上書献策亦加祥、求名謁貴無不利、學道修身最為良、丙加戊、為飛鳥跌穴格、凡所謀求、百事洞徹、無不吉利、

螢惑入戶丙交己、興師我自犯驚虛、主軍不吉客軍吉、怨結恩消禍有余、丙加己、為螢惑入戶格○奇入明堂火孛、入刑囚人、刑杖文書不行、吉門得吉、凶門轉凶、

丙火来臨庚字上、出軍兵交任卷舒、安良戳暴猶其善、買賣經營意不遂、丙加庚、為螢入太白格、門戶破敗、盜賊耗失、若門宮吉、可以謀動、

螢入合神丙見辛、病人沉重狀詞伸、兩恩已感成相済、同志情交氣象新、丙加辛、為螢惑遇合格、奇神生合、謀事成就、合才得益、病人不凶、

丙奇若遇壬儀会、月霞天牢禍患頻、婦人招惹風情事、口舌官非

宛轉輪、丙加壬、為月覆天牢格、奇神遊海、火入天羅、為客不利、日主非頻多、諸事無吉、但防不實、

鳥入羅網丙加癸、疊來禍事更相因、潛居隱士為良策、何必營々苦染塵、丙加癸、為飛鳥入網格。奇逢華蓋々々、李師陰人害事、災禍頻生、

玉女乘雲丁遇乙、謀為吉利又相宜、貴人遷職且高升、官事消亡事々隨、天丁加地乙、為玉女乘雲格、又人遁吉格、貴人加官進爵、常人婚姻財喜、諸事大吉、

玉女忽來遊月下、丙奇遇見着丁奇、緩緩施為多吉慶、貴人扶恩受詔熙、丁加丙、為玉女遊月格。奇神合明星遊月精、貴人越級高升、常人樂裏生悲、

天丁逢是加地丁、朱雀疊來見火星、君子知機先舉動、如煞遇刼保安寧。丁加丁、為朱雀疊來格、奇神相敵、奇入太陰、文書即至、諸事無吉、恐有相爭、喜事遂心先動為利、

玉女乘龍須待聘、丁奇伐在甲公所、貴人遷職加級祿、立志清高姓勒銘、丁加戊、為玉女乘龍格、又青龍耗光格、官人陞遷、常人威昌、諸事遂意、萬事咸吉、

天丁加在已干邊、玉女私奔自向前、啟戶留即非風緣、官司口舌如麻纏、丁加已、為玉女啟戶格、又玉女施恩、火入勾陳、奸私仇冤、事因女人、

丁奇或與庚儀見、玉女持鋒慎過愆、凡事難謀不稱意、是非顛倒禍牽連、丁加庚、為玉女持鋒格、又玉女刑煞、凡事難以强圖、年月日時格、文書阻隔、行人必歸、

六丁若或加六辛、玉女騎之猛虎身、求謀不利防刑獄、謀事艱難又損人、丁加辛、為玉女騎虎格、又玉女伏虎、朱雀入獄、罪人釋囚、貴人不利、求謀不遂、

旬和玉女丁壬撞、凡事皆遂無等雙、貴人相遇陞遷喜、美樂私衷弄好情、丁加壬、為玉女旬和格、又玉女乘龍、萬事得吉、百福來迎、貴人和合、五神互合、貴人恩沾、訟獄公平、

丁見癸子雀投江、文書遺失尋明窓、比此警疑心未定、敵軍勝我不遑降、丁加癸、為朱雀投江格、文書口舌俱消、音信沉溺、

右

右干元遁加格、八十條乃備占驗時參攷吉凶以作小補、雖不專主乎此而格局多瑞、亦有理致、非如俚本大全諸書張李顛倒吉凶者也、故余、編此訣、而載於斯、以備同志之士、得覽古今真詮矣、夫今鄙人重鈔此章、擅將此大全格局之吉凶、引人而另以○記之其凶格、同者勿辮、有不同者可查門星吉凶生剋、

右第七章、釋天地二盤之干、作格吉凶之義、

坎一戊加龍歸海、謀為守血亦悠哉、坤二兄田多不吉、震三登殿應三台、巽四乘風上天去、功名得地仲英魁、中五居都休出外、六宮受困被天災、兑七剎鱗兇立至、化蛟艮地進山猴、九離逢火須攪官、改面謀為是宏才、此戊儀臨九宮之吉凶格也、

己在一宮新漸開、乘吉耐業神天來、二宮漸閉休言順、三震破門起禍胎、巽四交神防病至、五黄守靜宜祈謀、乾天封户當收閉、厥户七宮聚寶財、艮山開户多義盛、進步謀為趁春栽、九離内外皆通暢、進退屈伸任徘徊、此己儀臨九宮吉凶之格也、

太白坎宮謂平芒、逢之諸事宜潛藏、坤二漸明稍可進、光輝震地地宜財量、巽風漸晦何求利、守陷中黄不可揚、乾六經天興軍武、七宮荒閉進退良、山養宝石中玉、離火滅光且更張也、

庚儀臨九宮吉凶之驗也、

白虎一宮之忍飢、二宮伸瓜伏雄婆、震三食素何言吉、巽四咳齋

且耐時、五宮伏宍宜高卧、乾六金毛有威儀、七宮渴鹿揚神武、艮土躘山跳澗馳、離南脱落容貌醜、田身靜守潛林宜、此辛儀臨九宮吉凶之格也、

元武一宮為結群、謀為進步要修文、坤二被水難揚顯、散影震三宜星分、巽四更民須固守、深藏中五要耕耘、六宮撒馬當前進、練武兊宮總大軍、艮山被擊遭官縲、離九梵身災在熅小此壬儀臨九宮吉凶之格也、

螣蛇坎北更龍雄、脱身坤宮少威風、震三驚動少安穩、藏草巽兮失洞宮、五黄宍内思飢湯、足食乾天色澤融、兊金騰躍多歡暢、受困艮山且固窮、九宮身死形已滅、迅速遠來要守中、此癸儀臨九宮吉凶之格也、

日奇坎水反陽天、進步謀為名利全、坤二滅輝多悔吝、震三登殿鎮三台、巽四全陽須普照、養心中五利安眠、乾六兮屍有大險、滅光兊澤受陰纏、艮八現儀為小吉、騰輝離九利招賢、此

乙奇臨九宮、吉凶之格也、

月奇坎一為滅光、值臨三宮有憂亡、東升雷震乾圓休、巽四陰生亦吉羊、五宮守西免失光、入墓乾天有禍殃、兌金亏然防傷損、艮土脫弦小吉昌九宮明八方應吉、慶之占禍又是屯、

丙奇臨九宮、之吉凶格也、

星奇坎水投江位、履地坤宮欠安康、震三雷霆宜謀起、巽四御風火輝煌、五黃入獄其觀樂亡命乾天失家鄉、七兌偷私有

災害、登山八艮當寶藏耀明爲九文書美、從此謀爲可名揚、

此丁奇臨九宮、吉凶之格也、

右三奇、六儀、臨九宮格局、以備參攷止甫、奇格諸章值年用神、時干斷驗、取類取象、並非憶度實速、師傳之秘旨也、亦如千元主也、設為筮人以作小補、云耳、

右第八章、釋三奇六儀、週宮之得失、故名曰週遊章、

占法

休門和義值年命、財喜婚姻合影言、迫制陰私淫乱事、玩錢賭博亏聲喧、此休門值年命之訣、以休門臨三四宮、為交和、臨六七宮、為結義、臨九宮、被迫、至三五八宮受制、

死門和義又臨年、弔孝奔喪可超前、迫制孝哀聲必動、行刑殺法必来纏、（死门值年命之訣。以死門臨六七宮、為交和、五八宮為比合、九宮為結義、坎為被破、三四宮為受制、）

傷门和義命宮見、捕捉尋人并討債、迫制傷財并惹氣、人物離散禍相牽、（此傷门值命之訣。以傷门臨九宮、為交和、四宮為比合、坎為結義、二五八宮為被迫、乾兑為受制、）

杜門和義乘年命、逃形避難任盤桓、迫制關閉當固守、潛居樂業耐風寒、（此杜门值年命之訣。以杜门臨九宮為交和、三宮為比合、一宮為結義、二五八宮為被迫、六七宮為受制、）

中黄和義年命就、来卜災殃保晏安、迫制遭困無進路、莫如寒鏞效神舟、（此中五值年命之格。以中五臨六七宮、為交和、二八宮為比和、九宮為結義、坎為被迫、三四宮為受制、）

開門值季命義和、謁貴求名開鋪宜、迫制必然招訟事、輸贏兩字惹風波、（此開门值年之驗。開臨坎為交和、兑為比和、二五八為結義、三四宮為被迫、九宮為受制、）

驚門值命和義得、討訟虛驚胞內羅、迫制鬥毆并口舌、疾病凶災眼前過、（此驚门值命之應。以驚门臨一宮、為交和、乾為比和、二五八為結義、三四為被迫、九宮為受制、）

生門和義利求財、蠶繭經營育嬰孩、迫制傷財多病苦、尤憂孕婦墮其胎、（此生門值年命之法。以生门臨乾兑為交和、二五為比和、九為結義、坎為被迫、三四宮為受制。）

景门和義行人問、音信文書彩家該、廹制傷財書信事、功名不第化雀垁、景門值年命之法。以景门加二五八宮、為交和、至三四宮、為結義、到六七宮、被廹加一宮為受制、

右八門值命宮、臨時干旺動驗也。每以和義作吉徵。廹制作凶象決之、

大凡門來宮生宮門為交和、結義、格門宮尅宮門為被廹、受制、格決之可耳、

九星乃是守门人、外事交來自不親、生宮尅宮名為進、尅出宮生是退神、其宮者或同合比、內外合和事最醻、彼此反癸無定象、家奴返主依人倫、謀為成敗非以我、動作行止旁有因、吉宿時干皆拱我、惟凴天助不依人生我亦須做此斷、兩般尅我若天瞋、生我尅我皆決此、渴失凴天是玄津、九星乃是守门之人、主门外之事、非家事詳、其生出尅出、生入尅入而吉凶、要時可辨若吉星臨年命、不受廹制乃天助其成、凶宿值命、乘旺象欲行凶、謀亦其然也。如自己來卜旁人為我作用其六事、或年命之星、不第而時干之痌宿、乘旺相生我者亦天助成事、若尅我在乃、

獲罪於天則無可禱也、

原是九神觀動作、可行可止以詳說、乘吉值神從吉斷、凶神乘渴自凶强、以格局之吉凶、決作用之進退、其當進者格、負凶宜值神所主、而進之、其當退者格局、凶者吉亦必乘其值神、所主而退之於時值符、當以富貴功名決騰蛇當以奇怪烟火決太陰當以婦女陰私占決六合當以交遊

合和斷、勾陳當以繫捕爭鬥決、白虎當以武政兵革斷、太常當以酒食晏樂決、朱雀當以文詞說卜、玄武當以偷盜劫奪詳、九地當以隱藏機謀驗、九天當以正明揚威占、是也、

內主近、今外主遠、內為家、今外為鄰、陽遁在內陰在外、陰在內來陽外巡、內外能知明遠近、乾坤到處都是春、

陽遁以坎艮震巽四局為內、為近、陰遁為外、為遠、離坤兌乾、為外、為遠、陰遁為內為近、倣此推之、

吉門格得和義、謀為吉利、事熙熙、吉格門逢迫制、內中難免有其殃、吉格凶門、和義推、凶中而後為吉、和吉格、凶門迫制交是非顛倒終無益、凶格門和義施命中、仍屬有災累、凶格凶門迫制持大凶災禍須防備

凶格吉門和義、制反凶為吉、乃祥瑞、凶格吉門迫制、欺一公難掩衆疑忌

辨、遁神優微妙、訣洪荒、雖廣掌中記、計大小字[illegible]上下卷共[illegible]

右言格局之吉凶、雖屬有定、而其八門星神配之、則不然也、八門之吉凶、雖然有定、而其迫制、和義配之、則不然也、是故吉格凶門、凶格吉門、

慶：吉慶，幸也

吉格逢迫制、凶格值和義、吉門和義、凶門迫制、必須互相參考、輕重區別則事物之成敗盈虛、世道會運之隆替得失、與夫人事兵家之禍福災祥勝負存亡、無不在斯矣、學者若能沉潛反復、熟讀玩觧、參透其中秘旨、六合雖廣、身居斗室靡不洞悉、乾坤於掌握之中矣、故上士得之、可以輔君王、定世亂、以治盛世、故為將帥軍師者、出奇制勝於千里之外、運籌帷幄之中、中士得之、亦能趨吉避凶、修道成身、以出世、下士得之、均可乘幕市廛、指引迷津、以醒愚頑、嗚呼、有志之

之士得是書者、非人勿示、不可輕洩、慶免獲天譴、謹之慎之、嚴守秘之、切切、

王力軍印

旹在　民國貳拾壹年、歲次壬申三月十二日戊申、虛星值日、抄完、

午會十二運、夏至下元、陰六局、壬午世課、大雪上元、陰四局、丙寅年課、下至夏至上元陰九局、庚子月課、

驚蟄　元陽　局　儀日課　元　局　儀

王力軍印

此書上卷貳拾柒章、下卷叁拾柒章、河北省、獲鹿縣振頭鎮、張東海抄

奇門遁甲鳴法序

矯文彥本

術數之學惟奇門一家非他技可比徵之于數實出於河圖洛書九宮八卦徵之于理實係於天地人文陰陽消息但歷年悠遠真經久佚猶兼古者聖王止傳真其心未明發其口繼世賢哲止著真其粗末筆明其雖精言傳有風后神章子房秘旨亦只耳聆其音並未面覩其色也況又杜撰由唐呂惺火自秦皇則遭前代之成規蕩然絕滅後世之偽篇倏忽施張至業是學者尊謁說如準繩習是術者法謬言似絕綱以妄導妄以盲引盲所以則偽本隨時而日興真旨隨時而妄矣予自弱冠攻手是技徧訪明師搏求諸史肆尚數十餘種讀止千百卷已未有不北轍南轅北臧彼否換段移條摘章更旨也者其規則清純理論不離從來之旨也以是志稍有急噫形愈悖心愈尋道愈迷力愈進手不釋卷十數年之鳴魄寢不就枕百餘月之辛勤亦良可惜目奈心志未甘苟聞講究奇门

之書者精研奇門之術者毋拘險阻必謁求之既謁之人既
求之書亦皆予胸中了了竟無有超出於其腹外之意
三生有幸風世有緣庚午之歲秋七月街市偶來一賣卜人
鄒妙峰者精于此術相與交僅善出隻字片言則較比俗
本大為詳確盡少有予有亦本待辨焉今祀冬日識降天
真子孫道一老人於卜之下時遺縢而高座倩淡老人啟懸
河之口開混沌之天發青囊之秘傾黃策之玄句句金銷
字字珠鈴思之其悃羅日月掌握乾坤者歟想慈領虎
顴挖目鶴顴姿偉軀魚頭隆準龐眉神光爍爍蒼髯
垂垂形容古峭貌像異奇決非庸常之器因而拜之老人大
婆心即命潤筆俯箋詳錄與予曰此我鵝眉山宏農道人
之心印而口授于我者也
命毋須妄傳今觀子形若槁木心若死灰芳年未壯而甘
隱於卜筮是必達時知命修身鍊性之人也故可以授之
戒慎勿遺匪人幸甚苟有良善之士志于斯者亦不可吝
焉予覽其訣伏冀拜謝畊心悟之慌然有得可謂讓備

於千年之前，指南於百代之後，萬古之津梁，奕世之寶筏，渡生出苦海之間，濟難離綱羅之穴，乃為大有益於天下者。予固不敢自善，亦不敢行欺，謹遵師教，結撰九篇，聊備高明同志云爾。

歲次

同治辛未仲冬五日